TAKEN-N-MINE

MUKUL AGARWAL

Contents

Contents

Contents

Preface

MUKUL AGARWAL

THE BEGINNING OF YEAR WITH LOVE & PURITY.
THIS BOOK DEDICATED TO SPECIAL LOVE IN

EVERYONE'S LIFE . THIS IS CELEBRATE THE LOVE WITH WORLD AND BLOOM JOY IN SOCIETY. TO REMOVE DARKNESS OF HEART AND SPREAD POSITIVE AFFECTION AROUND.

THE BOOK IS ABOUT LOVE & AFFECTION , INFIDELITY OR MIGHT BE POETIC GLIMPSES OF ONE SIDED LOVE .

'TAKEN-n-MINE" IS ALL ABOUT " WO MERI NA HO SAKI PHIR BHI MERI HAI"

Chapter1

Asma se chura ek tukda

humne takdeer li,

Sbki nazro se chura humne

tumhari tasveer ki tasveer li !!!

Chapter2

Samay se duri kam hoti ja rhi hai

Mere jane ki baatien kari ja rhi hai,

Ab tumse hum ese anjaan bn jayenge

Akhir tumko bhulne ki taiyari kari ja rhi hai !!!

Chapter3

Tujhe ruswa karne ki

himmat na juta paye,

Isliye tujhe bin bataye tere

shehar se ruksat ho gaye !!!

Chapter4

Na ye shehar raas ayya na log aa sake

Na m apno ko bhula paya na wo yaadon se ja sake,

M toh yha tasavvur m bhi na rukta agr kuch takalluf na hoti

Na m kisiko dard e dil suna payana koi wo isko smjh sake !!!

Chapter5

Ye tumhari nazro se ki gyi baat

humare dil ko bhr gyi

Lgta hai humari nazar ko

nazar ki nazar lgg gyi !!!

Chapter6

Jo mita bhi de or bna bhi de

esa byapar nhi krna tha,

Mitti ka diya hoon

mujhe shamma se pyaar nhi krna tha !!!

Chapter7

Mehlo ko chord kr kamro ko ashiyana bna na pdta hai

Apno ko durr kr gairo ko apna batana pdta hai,

Sawal trz e zindagi ka h isliye yha rehna pdta hai

Dil ka ye jhakham bhi hss kr sehna pdta hai,

Na chahte hue bhi apne ghar se itni der tk dur rehna pdta hai !!!

Chapter8

Dusro se kya gila krna jb khud pr musibate laye hai

Paththar ki iss duniya se ldne hrr baar shishe ka dil laye hai,

Na khul kr sans li h na khul ke jii paye hai

Tumse milne pr hi hum khul ke muskuraye hai !!!

Chapter9

Firse dokha degi

shak hai humain zindgi par,

Unka hqq hai khud par

or humara hqq hai bandgi par !!!

Chapter10

Aaj itna bhi ishq nhi rha

ashiqo ke virane me

Jitna hum chord diya krte the

tere gulshan ke paimane me !!!

Chapter11

Usne bulaya mujhe hasaya mujhe or sataya bhi

Wo mera h, m uska nhi ye mujhko bin bole bataya bhi,

Shant rha uski beaabru pr mai kyonki

Akele rehna hi shi tha ye usne mujhko samjhaya bhi !!!

Chapter12

Kyo apne agan ko chord ayye tere virane me

Dhoop m nami idhr or barish h tere ashiyane me,

Frq nazaqat ka kaho ya waqt ka Pyr toh

humne bhi shiddat se kiya tha kisi jamane me !!!

Chapter13

Harr sham mujhe

eak malal ki yoon adat si hogyi

ki Mile nhi toh kya intezar ki hichki bhi

saqi ke saman hogyi !!!

Chapter14

Tere sapne dekhna mera trz hai

Ab nind se jagaye ya nind udaye wo tera frz hai,

Mene toh pyaar kr hi liya hai

Ab toh bs tujhpr hi sara krz hai !!!

Chapter15

Dil dhadaka ja rha hai tujhko jate dekh

Bs khawaish itni h ki tu ek baar mud ke dekh,

Ankh toh sukun m bnd hai tere ruksat hone par

Ye teri ruswai shamma bn rhi h tu khud akr dekh !!!

Chapter16

Sukoon aaj bhi girvi h uske pss

Jisse kbhi humne mohobbat udhar li thi,

Wafa ka aalam humara toh km na hua

Mgr humko khona hi uski chahat pehli thi !!!

Chapter17

Itna sard hai mosam ki suraj bhi duhai m hai

Tabib hokr wo bhi drd ki kehrai m hai,

Na jane kitna ilm tujh jese harzai m hai

Ki pardesh jate hi tu kisi or ki razai m hai !!!

Chapter18

Jaha tk mtlb hai jahan ko

bs wahi tk mujhko pucha ja rha hai,

Bharose tha mujhko zamane par

ankh khulne pr pta chla bharose ka zamana ja rha hai !!!

Chapter19

Meri kitab ka sukha gulab tu hai

Mere tasavvur ka pehla or aakhri shabab tu hai,

Yun toh jam ko jamana gali deta hi h mgr

mere madhushaalaa ka sahib-e-masnat saqi tu hai !!!

Chapter20

Tere anne ki imad m bhi berukhi thi

Jane ka toh tune pehle hi socha hoga,

Yaar smj kr rok rkha tha humne

Mgr ye dil bhi humara kai baar tuta hoga !!!

Chapter21

Mujhe farar nhi hona teri ankho ki

kaid se Ab ye ilaj hona sakega kisi baid se,

Tere pss anna hi manzil h bs meri ki

tu dekh Dastabez bnwa laya hoon uppr wale ki godh se
!!!

Chapter22

Bitt jati h raatien

teri jafao ki yaadon mai,

Sochta hoon tera na hona

kitna gawara hota !!!

Chapter23

Khwaabon main eak shehar hai

mgr aabad nhi hai,

Tum yaad ho humein

mgr tumko hum yaad nhi hai !!!

Chapter24

Raat m sone nhi dete sapne, un sapno mai tu jo aati hai

Kisi ki kami khalti nhi jb baaton m teri baat aati hai,

Tadpan kya hoti h ye humse pucho

Jb tu pass akr bhi humse durr chli jaati hai !!!

Chapter25

Eak roz koi ayega apni sari fursatien lekar

Eak roz koi ayega apne daman m sari dua'en lekar,

Hrr sham kisi ki chaukhat par intezar karta h wo
tumhara

Tum kahi uske gale lgg jana wo hrr saz sasien tk lega
tumhara naam lekar !!!

Chapter26

Nasar hogye wo sipahi

jo jung ke liye khade the,

Ishq ka bazar tha isliye nilam hogye

Warna admi toh hum bhi bahut bade the !!!

Chapter27

Chlo iss baar tohda bdlab krke dekho

Hum tumko bhula kr dekhte hai

Tum humko yaad krke dekho !!!

Chapter28

Gamo ke sitare mitt jate hai

Hotho pr tarane sjjj jate hai,

Jb milte h yrr humare

Hum muh se hi nhi ankho se bhi muskurate hai !!!

Chapter29

Kbhi khas moko or baaton pr baat bn jati hai

Khel toh rachate h radhik tafiya or laye

Kalam toh bechari bejuban reh jati hai !!!

Chapter30

Ki khuda ne jb tumhare labo ko alg hote dekha hoga

Tb wo kali se tarannum ford ke kese gulab banaye smjha hoga !!!

Chapter31

Barbaad krne wale mere samne

meri abadi ki duaaye mngte rhe,

Opcharikta nibha rhe the shabado ki

Kamabkhat usko pyr bolkr nawazte rhe !!!

Chapter32

Pta na chla kb dil ki gulami krte-krte izzat hi nilami kr baithe

Khud ko chahte the na jane kisi or ko chah baithe,

Soch kr baithe h ki ab kisi or nhi chahenge Kyonki

tujhko apna banane ki koshish m hum khud se anjaan ho baithe !!!

Chapter33

Pehle baat krlete the ab naraz rehne lge ho tum

Esi kya gustakhi hui humse ki kafa rehne lge ho tum,

Or trz mohobbat ke sehene ko kb mana kiya humne

Kya sach m busy ho kahi ya doori sadhne lage ho tum !!!

Chapter34

Ki hnn ab hasna sikh liya h mene

Baaton ko talna sikh liya h mene,

Or tum toh un roz rukh bdl kr chle jate ho

Isliye gamo ko dafnana bhi sikh liya h mene !!!

Chapter35

Awazo ki mehfil mai main shant baitha hoon

Naamchino ke shehar mai gumnaam baitha hoon,

Jo chla gya usko bhula dena chaiye mgr

mujhe jo nhi mila main usko mukaddar smj baitha hoon !!!

Chapter36

Mujhse na kr ab tu esi baatien,

na hi isse agge kuch ikraar kar

Kafi pardanashin log h is dil me,

unko tu yoon na bahar kar !!!

Chapter37

Inn ankho ne ese manzar dekhe hai

jaha sahil pr kisine rishta tord diya hai

Or chote chote tufano me,

inn ankhon ne ab toh pighalna bhi chord diya hai !!!

Chapter38

Sukh gya wo gulab mgr Aaj tk feka nhi hai

Tere siva kisi aur ko humne chah nhi hai,

Kuch toh ranjise h jo mere lavs muk gye hai

Wrna Tera humare jesa koi ashiq nhi hai !!!

Chapter39

Bahut kuch Jaankr bhi hum khamosh rhe

Tere fitrt-e-aitbaar pr hum madhosh rhe,

Tere iss khata pr mitt Jana gawara nhi tha

Wrna teri hrr adda ke kayal bhi hum kafir rhe !!!

Chapter40

Arso baad aaj fir baaton m kisi ne tera naam bola hai

Jese kaanoo mai kisine tere naam ka ashk ghola hai,

Soo ke bhi muskurate rhe hum shikayate aai hai

Mgr raat bhr teri yaad m hum soye nhi ye kaha maine kisise bola hai !!!

Chapter41

Kismat Mai shyd intezar ka paksh hai

Kafi dur mujhse mera laksh hai,

Kuch trz hai Jo bhatkne nhi dete

Bs uhi meri Roz mujhse hoti kashmkash hai !!!

Chapter42

Aaj fir dil m koi bechaini chhai hai

Lgta hai kisike dedar ki kami aai hai

Jana nhi tha jiss oor humko

Aaj kismat ussi manzar pr laai hai !!!

Chapter43

Dusro ka hote hote ab akela khada hoon

main bhird mai,

Sab se lad kr baitha hoon ab khud se anjaan

khud ke nird mai !!!

Chapter44

Dil accha na ho toh

khubsurti ka kya fayda,

Dildaron ki Malika bhi aksar

fakiri m jiti hai !!!

Chapter45

Itni fursat kaha ki mosam suhana dekhe

Teri tasveer ki tasavvur se bahar nikle toh zamana dekhe !!!

Chapter46

Virane hum khud m the

Berang duniya ko btate rhe !!!

Chapter47

Duri bhi tujhse zaruri thi

Dastan e bewafa ki nami jo thi,

Hum tumse or Durr chle jayenge

Pass ho aye tum toh hum nakar jayege !!!

Chapter48

Na jane kiska chehra

hrr zarra ankho ke samne atta hai,

Jisko janta hi nhi usko

ye dil kese itna chahta hai !!!

Chapter49

Kese na jale mohobbat se hum

Kisiko bin mange mill gye tum,

Or kaha humne raatein guzar di

Tumhe pane ke aitbaar me !!!

Chapter50

Ab ankhe thak gyi raho pr teri ahat ka intezar krte krte

Tu akhir kis raha pr chla gya yoon chalte chalte,

Or tute toh hum itna hai teri yaad m hrr din ki teri kasam

Ki ab hum sambhalna bhi sikh gye ese bikharte bikharte !!!

Chapter51

Tu kahe toh tujhpr mai kitaab likh doon

Jo hui na ho eak esi mulakat likh doon,

Or wese toh tu sath nhi h mere

mgr kahe toh tasavvur m tujhe apne pass likh doon !!!

Chapter52

Wo jo aaj marne par tula hai

Kbhi usne bhi jii kar dekha hoga,

Jo aaj sbse kafa baitha hai

Kbhi usne bhi kisiko apna keh kr dekha hoga !!!

Chapter53

Jb uske agan mai barish ho,

toh hawa humare jharokhe pr aati hai,

humari ankhe toh sirf usko hi dekhti hai

na jane uski ankhe kya chahti hai !!!

Chapter54

Inn ankho ne ese manzar dekhe hai

jaha sahil pr kisine rishta tord diya hai,

Or chote chote tufano me

inn ankhon ne ab toh pighalna bhi chord diya hai !!!

Chapter55

Chlo ab tumhare sabr ki intehn dekhte hain

Iss baar tum humko yaad karo

Hum tumhe eak baar bhul kr dekhte hain !!!

Chapter56

Wo roz apne dil ka darwaze kholne ki shikayat rkhta hai

Chehre par na shi mgr dil be dard bepanah rkhta hai

Baat choti si ho muskura chl deta hai

Baat jb koi dil ki ho toh wo bhi chupke se ro deta hai !!!

Chapter57

Jaante ho fir bhi anjaan bnte ho

Na jane kyo iss trh pareshan krte ho,

Or puchte ho kon h tumhari psnd

Jawab khud ho fir bhi sawal krte ho !!!

Chapter58

Thodi khamiyan apne sath m lekr chlta hoon

Insaan ho insaan bn kr chlta hoon !!!

Chapter59

Ki tu chand h toh ispr haq humara bnta hai

Unn sitaro pr nhi tujh pr haq humara bnta hai,

Or zamana tha jb hum ishq se bhaga krte the

Mgr aaj dewano ki mehfil m pehla naam humara bulta hai !!!

Chapter60

Akr agr tik jati h kisi pr nighanhe

toh wo hataye nhi htt'ti,

Ye humari mohobbat hai janab

ye gali gali mai nhi bikti !!!

Chapter61

Husn se ashiqui krne wale

tabayafo ke kothe pr jaya krte

Yun dr dr mohobbat ki chokhato pr bhatka nhi krte !!!

Chapter62

Tere kehne pr bhi main tere liye

chand tare tord ka la na sakunga,

Hnn zidd ki jo tune toh

tere agan m shisha zaroor lga dunga !!!

Chapter63

Chanda chakor chandni

badalon me lachche - lachche

sirf ek tu hi nhi warna

mujh par toh marte hai acche-acche !!!

Chapter64

Nahana hai toh beech me nahao

kinaro pe kya raha hai

pyaar karna hai toh bajuon me aao

isharon me kya raha hai !!!

Chapter65

Muh pher kar na jaiye yu kareeb se

tu na chord mujhko milkar kisi farib se,

tere aane se mera jahan roshan tha

humsa chahne wala milta hai nasib se !!!

www.ingramcontent.com/pod-product-compliance
Lightning Source LLC
Chambersburg PA
CBHW022101150726
47990CB00003B/1186